Verhandlungen

des

am 20sten Junius 1808

zu Mögelin zusammengetretenen

landwirthschaftlichen Vereins

Nebst

einer genauen und wahrhaften

Darstellung von Mögelin

beim

Schlusse des Wirthschaftsjahres 180$\frac{7}{8}$

Von

Friedrich Herzog von Holstein-Beck

Mit einer Charte

Berlin

in der Realschulbuchhandlung

Verhandlungen
der
landwirthschaftlichen Versammlung
zu Mögelin,
am 20sten Junius 1808.

Protokoll, Mögelin im landwirthschaftlichen Verein, den 20sten Junius 1808.

In Folge der von dem Geheimen Rath Thäer in den öffentlichen Blättern erlassenen Einladung haben sich folgende Freunde der landwirthschaftlichen Kultur hier zusammengefunden:

Namen.	Bürgerlicher Charakter.	Aufenthalt.	Vaterland.
Friedrich, Herz. von Holstein-Beck.	. .	Lindenau.	Ostpreußen.
v. Itzenplitz.	Landrath.	Kunersdorf.	Kurmark.

Namen.	Bürgerlicher Charakter.	Aufenthalt.	Vaterland.
v. Wedel.	Gutsbesitzer.	Sydow.	Kurmark.
Witte.	desgl.	Falkenwalde.	Neumark.
v. Wolf.	desgl.	Haselberg.	Kurmark.
Sänger.	Amtmann.	Schmölle.	Uckermark.
v. Knobelsdorf.	Landrath.	Sellin.	Neumark.
v. Kahle.	Dechant.	Freienwalde.	Kurmark.
Dabow.	Gutsbesitzer.	Hohendorf.	Niederlausitz.
Kölling.	desgl.	Damsdorf.	Sachsen.
Rösch.	Assessor.	Berlin.	Kurmark.
Zenker.	Landwirth.	desgl.	desgl.
Wilkens.	Geh. Ob. Finanzrath.	desgl.	desgl.
Binder.	Oekonom. Verwalter.	Tempelberg.	desgl.
Cramer.	Doktor.	Buchholz.	desgl.
v. Strachwitz.	Kriegs- u. Dom. Rath.	Jökelsbruch.	desgl.
Dannenberg.	Prediger.	Fürstenfelde.	Neumark.
Daum.	Gutsbesitzer.	Herrndorf.	desgl.
v. Lützow.	Kammerreferendarius.	Wriezen.	Kurmark.
v. Winterfeld.	Gutsbesitzer.	Neuendorf.	Priegnitz.
Gr. v. Finckenstein.	desgl.	Drossin.	Neumark.
v. Jena.	Hauptmann.	Köthen.	Kurmark.
Noack.	Superintendent.	Müncheberg.	desgl.
Lehmann.	Kammerreferendarius.	} Wollup.	desgl.
Lehmann.	Amts-Assistent.	} Wollup.	desgl.
Nöldechen.	Bau-Inspektor.	Wedding.	desgl.
Welle.	Amtmann.	Malchow.	desgl.

Namen.	Bürgerlicher Charakter.	Aufenthalt.	Vaterland.
Welle.	Landwirth.	Malchow.	Kurmark.
Wesenmeyer.	Oek. Commissarius.	Tempelberg.	desgl.
Bar. v. Eckartstein.	Gutsbesitzer,	Prötzel.	desgl.
Bath.	Oberamtmann.	Sachsendorf.	desgl.
Bath.	Gutsbesitzer.	Böhlendorf.	desgl.
Clemen.	Baukondukteur.	Frankfurt a. O.	desgl.
Karbe.	Oberamtmann.	Gramzow.	Uckermark.
v. Massow.	Hofmarschall.	Steinhöfel.	Kurmark.
Ringdorf.	Oberamtmann.	Jökelsbruch.	desgl.
Maaß.	Oekonom.	Brohm.	Mecklenburg.
v. Greifenberg.	Hauptmann.	Goztka.	Niederlausitz.
Rehfeld.	Kammerreferendarius.	Kienitz.	Kurmark.
Nöldechen.	Kammerrath.	Wriezen.	desgl.
Bärensprung.	desgl.	Brunow.	desgl.
Sick.	Professor der Thierarzneikunde.	Berlin.	desgl.
Matthes.	Oekonomie-Inspektor	Haselberg.	desgl.
v. Vincke.	Kammerpräsident.	Berlin.	desgl.
Karbe.	Oberamtmann.	Chorin.	Uckermark.
v. Stechow.	Rittmeister.	Kotzen.	desgl.

Welchen noch sich vereinigt haben die gegenwärtigen Mitglieder des hiesigen landwirthschaftlichen Instituts:

Namen.	Bürgerlicher Charakter.	Aufenthalt.	Vaterland.
Graf v. Lichnowsky.	. . .		Oesterreich.
Lumnitzer.	Fürstl. Esterhazyscher Oekon. Beamter.		Ungarn.
v. Vietoris.	desgl.	.	desgl.
v. Werder.	Lieutenant.	Buggesen.	Magdeburg.
Schmith.		Elbing.	Westpreußen.
Förster.		Freystadt.	Oesterreich.
Johanne.		Berlin.	Schlesien.
v. Brevern.		Reval.	Esthland.
v. Zedlitz.	- -	Tiefhartmansdorf.	Schlesien.
Krzewitz.	Amtmann.	Ober-Glogau.	desgl.
Schirmacher.	Oekonom. Inspektor.	Lindenau.	Ostpreußen.
Friese.	desgl.	Marienwerder.	Westpreußen.
Böhm.	Oekonom. Beamter.	Grätz.	Oester. Schles.
v. Laviere.	Hauptmann.		Halberstädtsch.
v. Thadden.	Lieutenant.	.	Niederschlesien
Albrecht.	.	Rothenburg.	Franken.
D. Crome.	Zweiter Lehrer des Instituts.	–	.
v. d. Osten.			Vorpommern.
Mauske.		Berlin.	

Nachdem die Gesellschaft von dem Herrn Geh. Rath Thaer bewillkommt, und der Wunsch geäußert worden, daß die Ansicht seiner Wirthschaft einiges Interesse gewähren möge, ist von derselben der Herzog zu Holstein-Beck einmüthig zum Präsidenten erwählt, und in der Folge dem Kammerpräsidenten v. Vinke die Uebernahme der Sekretariatsgeschäfte angeboten worden.

Der Präsident hatte im bisherigen längern Aufenthalte hierselbst Veranlassung gefunden, die Geschichte der jetzigen Beschaffenheit und Aussichten der Wirthschaft sorgfältig zu erforschen, und erfreuete die Gesellschaft durch Vorlesung einer schriftlichen übersichtlichen Darstellung derselben; mit einer Skizze von der Eintheilung der Grundfläche begleitet, wodurch die Gesellschaft zur eigenen Ansicht zweckmäßig vorbereitet, sich nun zur Stelle begab, und die sämmtlichen Fruchtschläge und andere merkwürdigere Theile des Guts in Augenschein nahm, worauf sie von den Feldern zurückgekehrt, durch allseitige mündliche Erörterung, die nachfolgenden Beschließungen genommen hat:

1) Daß die verlesene Darstellung des Präsidenten durchaus in der Wahrheit gegründet, und durch eigene prüfende Ansicht sich im

Ganzen und Einzelnen bestätiget gefunden hat.

2) Daß insbesondere den Mitgliedern, welche eine ähnliche Veranlassung vor zwei Jahren hier vereinigte, die augenscheinlichen Fortschritte der hiesigen Wirthschaft in der Kultur sehr auffallend bemerklich sind.

3) Daß vor allem andern das hierselbst zuerst in der umliegenden Gegend aufgestellte und schon sehr ausgedehnte Beispiel, in der Schöpfung von Wiesen durch Abschwemmen, und in der Vorrichtung zu deren Ueberrieselung, die größte Aufmerksamkeit der Landwirthe, und die thätigste Beförderung der Regierung, durch Entfernung der dabei häufig sich findenden Hindernisse, bei Gelegenheit der bald zu hoffenden Ausdehnung des für die Provinzen jenseits der Weichsel neuerlich erlassenen Edikts, wegen Aufhebung des Mühlenzwanges auf die diesseitigen Provinzen, bei dem so häufigen Mangel an Wiesewachs und der vielfachen Gelegenheit, solchen auf diesem Wege unfehlbar und mit geringem Aufwande zu schaffen, ganz vorzüglich verdient.

4) Daß nicht weniger die hier aufgestellten Ver-

suche mit Mergelung einen entschiedenen Nutzen gewährt haben, und die mehrere Aufsuchung und Anwendung dieses hier herum noch wenig benützten Verbesserungsstoffes sehr wünschenswerth sind.

5) Daß es von Nutzen seyn kann, die gegenwärtige Vereinigung zur Grundlage künftiger festbestimmter Zusammenkünfte zu machen; und da der Herr Geh. Rath Thaer sich dem Wunsche der Gesellschaft durch das Versprechen gefügt: in jedem folgenden Jahre für den Monat Junius eine Einladung zur Erneuerung erlassen zu wollen, dabei folgende Bestimmungen statt finden mögen:

Die Gesellschaft kennt keinen Zwang und keine Beschränkung irgend einer Art.

Alle Freunde der landwirthschaftlichen Kultur, welche sich künftig hier einfinden wollen, sind durch ihre Erscheinung selbst zu Mitgliedern aufgenommen. Sie sind verpflichtet, aus dem Kreise ihrer eigenen Erfahrungen und Bemerkungen dasjenige mit treuer Wahrheitsliebe zum mündlichen Vortrag zu bringen, was ein allgemeines

Interesse für landwirthschaftliche Kultur darbietet.

Es ist zweckmäßig, solchen durch mitgebrachte Proben, Modelle und Berechnungen zu unterstützen.

Alle schriftliche Verhandlung aber ist ausgeschlossen; abwesenden Mitglieder könne jedoch den gegenwärtigen ihre Bemerkungen schriftlich mittheilen, um solche hier zur Sprache zu bringen, und alle bis zum 20sten Mai jeden Jahres die Gegenstände dem Geh. Rath Thaer anzeigen, um solche zu ordnen, und dem Präsidenten zur Beförderung ihrer regelmäßigen Verhandlung zuzustellen.

Die Versammlung wird durch Vorlesung des Protokolls über die letzte vorhergehende eröffnet, und darauf zur Wahl eines Präsidenten und Sekretairs für die jedesmalige Vereinigung geschritten, denen es obliegt, die Ordnung und Regelmäßigkeit der Verhandlungen und Beschäftigungen zu leiten, und die Resultate der gefaßten Beschlüsse kurz zu registriren.

6) Daß der Geh. Rath Thaer ersucht werden soll, nach dieser Maaßgabe einen ausführ-

lichen Plan für die beste Erreichung des Zwecks, einzeln zerstreute landwirthschaftliche Erfahrungen aus ungenutzter Verborgenheit hervorzurufen, zusammen zu tragen, und durch gegenseitige mündliche Erörterung zu berichtigen, Gemeingeist für allgemein nützliche Gegenstände zu erwecken und zu befördern; durch Verabredungen der Mitglieder die wohlthätigen Zwecke der erleuchteten preußischen Regierung für die Entfernung aller Hindernisse der Länderkultur zu unterstützen, auszuarbeiten und den Mitgliedern durch die Annalen des Ackerbaues mitzutheilen, um solche in der nächsten Zusammenkunft zu erörtern.

7) Daß es nützlich seyn wird, die jährliche Vereinigung auf mehrere Tage auszudehnen, und diese zu benutzen, zur gemeinschaftlichen Besichtigung der vielen interessanten Gegenstände, welche die benachbarte Gegend in landwirthschaftlicher Beziehung darbietet; daher der Geh. Rath Thaer ersucht werden soll, mit der jährlichen Einladung auch den Plan zu solchem auf 2 bis 3 Tage fortgesetzten Beisammenseyn bekannt zu machen, welches künftig in jedem landwirthschaftlichen

Verein für das nächste Jahr verabredet werden wird.

8) Daß der Dank der Gesellschaft gebührt dem Geh. Rath Thaer für das Interesse, die Belehrung und das Vergnügen, welches er durch die Veranlassung der heutigen Zusammenkunft, und durch die Liberalität, mit welcher er seine ganze Wirthschaftsführung der öffentlichen Beurtheilung dargelegt, den Mitgliedern in großem Maaße gewährt hat; und dem Präsidenten für die geschickte Leitung der Vereinigung zu einem bleibenden gemeinnützigen Zwecke.

9) Daß diese Verhandlungen, mit der Darstellung des Präsidenten von der hiesigen Wirthschaft, in den Annalen des Ackerbaues und besonders abgedruckt werden sollen, so daß jedes Mitglied drei Exemplare zur Umtheilung an seine Freunde erhalten kann.

Worauf dann die Versammlung bis zum künftigen Jahre sich vertagt hat.

Präsident und Sekretair.

F. Herz. v. Holstein = Beck. L. Vinke.

Getreue und wahrhafte Darstellung von Mögelin beim Schlusse des Wirthschaftgejahres 180⁷⁄₈.

Mögelin, im Sommer 1808.

Um in mir das Andenken an diesen Ort — wozu ich hier nicht seine mir so lieb und werth gewordenen Bewohner zähle — und das getreue Bild seiner gegenwärtigen Beschaffenheit recht lebhaft zu erhalten, und den Unterschied noch deutlicher zu bemerken, der, wenn mich einst mein günstiges Schicksal nach mehreren Jahren wieder hierher führen möchte, nothwendig statt finden muß, will ich es versuchen, ihn so zu schildern, wie ich ihn gefunden habe. Die treueste, strengste Wahrheit soll meine Feder leiten.

Bei Ankauf dieses Gutes, zu welchem noch das Bruchvorwerk Königshof, von 300 Morgen, gehört, scheint Herr Geh. Rath Thaer, außer mehreren mir unbekannten Gründen, zwei besondere Absichten verbunden zu haben, nämlich erstens: ein vernachläßigtes Gut auszuwählen, um es nach seinem Sinne umzuschaffen, und durch die That zu beweisen, was eine zweckmäßig eingerichtete Fruchtwechselwirthschaft vermag; zweitens die: ein Gut zu besitzen, welches einen Theil seiner Ländereien auf der Höhe, den andern im Bruche hat. Weder vorzüglicher Boden, noch ausgezeichnete Lage des Ortes können seine Wahl gerade für Mögelin bestimmt haben *); ich werde weiter-

*) Es haben mich so viele meiner Gönner und Freunde, auch besonders bei der letzten Zusammenkunft, gefragt: warum meine Wahl gerade auf Mögelin gefallen sey, da ich doch, wie sie zu sagen beliebten, bei meinen Kenntnissen und bei meinen Verbindungen mannigfaltige Gelegenheit würde gehabt haben, noch vortheilhafter in dem damaligen Umfange der preußischen Staaten zu kaufen? — Daß ich diese Frage hier ausführlicher zu beantworten mir erlaube.

Als Gutsbesitzer oder Gutshändler hätte ich Mögelin nie gekauft, obgleich ich jetzt wie damals überzeugt bin, daß ich es, hinsichtlich auf das Bruchvorwerk, noch unter seinem wahren Werth bezahlt habe. Bei einem wüsten, unseparirten Gute mit Holz wäre ohne Zweifel mehr Vortheil zu machen gewesen. Allein ich hatte ganz andere Rücksichten, nach meiner individuellen Lage, Denkungsart und meinen Zwecken, zu nehmen. Ich wollte keine Zeit verlieren, schnell wieder in praktische Thätigkeit zu kommen, ohne meine literarische aufzugeben. Die Weitläuftigkeit und Schwierigkeit eines Separationsgeschäfts, mit dessen Gang ich hier ohnehin unbekannt war, hätte mich zu lange aufgehalten. Bauern wünschte ich nicht, da Frohnarbeit nicht zu meiner Kul-

hin sagen, wie der erstere beschaffen ist, und eine reizende Lage allein würde einen so reellen, nach-

---

turart paßt, und mir insbesondere die hiesigen Bauerverhältnisse so verworren und so unbestimmt, so wenig vortheilhaft, und so unsicher für den einen wie für den andern Theil schienen, daß ich mich davor wie vor einer unversiegenden Verdrußquelle fürchtete. Eben so wenig konnte ich meine Zeit und Aufmerksamkeit aufs Bauen verwenden; ich mußte also Wirthschaftsgebäude sowohl als das Wohnhaus für meine zahlreiche Familie und Hausgenossen, auch für meinen wissenschaftlichen Apparat, hinlänglich gut und bequem antreffen. In Hinsicht auf wissenschaftliche Verbindung, Literatur und mechanische Kunst, — denn auch um den Freunden, Gönnern und Prüfern meiner Operationen den Besuch nicht zu sehr zu erschweren, — wollte ich mich nicht über eine kleine Tagereise von der Residenz entfernen; aber ihr auch nicht viel näher seyn, um nicht durch zu viele gesellschaftliche Verbindungen und durch Anwandlungen von Neugierde gestört zu werden. In allen diesen Rücksichten schon konnte ich kein passenderes Gut als das meinige antreffen. Dann aber traf ich hier den wahrhaft klassischen Boden für Landwirthschaft. Mögelin war umgeben von den Friedländschen und Hasselbergischen Gütern, die in der Kultur so große und musterhafte Vorschritte gemacht hatten. Es gränzte mit den Prädikowschen, deren Besitzer dieselben mit großer Thätigkeit nach einem mit meinen Ideen völlig übereinstimmenden Plane zu bewirthschaften bedenkenden Landwirth nicht geblendet haben. Am

mehresten

---

absichtigte. Es war nicht weit von Tempelberg, welches zur Darstellung eines hohen Ideals der Wechselwirthschaft von seinem antretenden, alles Gute und Große umfassenden Besitzer bestimmt war. Gusow, Friedersdorf und mehrere andere merkwürdige Güter und Wirthschaften lagen in der Nähe. Ich übersah von meinen Anhöhen das reiche und merkwürdige Oderbruch. Egoistische Eitelkeit würde diesen Fleck freilich nicht gewählt haben; denn in langer Zeit konnte man nicht hoffen, den Vorsprung, den erstere seit längerer Zeit trefflich eingerichtete Wirthschaften gewonnen hatten, einzuholen; um so weniger, da sie besondere Resourcen, die hier fehlten, benutzen konnten; noch konnte ich das Meliorations- und Betriebs-Kapital anlegen, was letzteren bestimmt war. Wollte ich meine Fortschritte durch Kontraste ins Licht stellen, so mußte ich mich in eine entgegengesetzte Gegend begeben. Allein ich wollte nur hohe Kultur sehen und zeigen, gleichviel, ob sie durch mich oder durch andere ausgeführt war. Die Errichtung eines landwirthschaftlichen Unterrichts-Instituts schwebte mir freilich beim Ankaufe des Guts schon vor Augen, obwol ich sie später, mancher Schwierigkeiten wegen, eine Zeitlang aufgab. Und welche Gegend konnte dazu mehr geeignet seyn? Kurz, ich glaubte hier auf dieser Stelle den Zweck meines Hierseyns, und die Absicht, warum mich unser geliebter Landesvater berief, am besten und nützlichsten erfüllen zu können. Th.

mehresten mag seine auf dieses Gut gefallene Wahl wohl dadurch bestimmt worden seyn, weil er hier bei der ersten Besichtigung und genauen Untersuchung der Felder Mittel gewahr wurde, durch deren Hülfe er die Aecker in wenig Jahren in eine bessere Verfassung bringen zu können überzeugt war. Er fand hier bis dahin unbenutzten Mergel verschiedener Art, Kalk- und Modererde in so großer Menge, daß er höchst wahrscheinlich damit dem ganzen Felde wird zu Hülfe kommen können. Es fehlte Mögelin ganz an Wiesen, nachdem einige Jahre vor dem Ankauf des Gutes eine beträchtliche, am Rande des Bruches gelegene Wiese, von 50 Morgen, davon verkauft worden war, in dem Wahne, daß man Heu genug aus dem Bruchvorwerke nehmen könne. Wenn dieses nun auch zwar wirklich der Fall seyn mochte, so stimmte es doch nicht mit dem sehr richtigen Grundsatze des Hrn. Geh. R. Thaer, daß sich nämlich ein jedes Gut in sich müsse in gehörigem Maaße erhalten können, ohne Kräfte dazu von einem andern erborgen zu müssen, überein, es dabei bewenden zu lassen, daß Mögelin seinen Heubedarf von dem Bruchvorwerke zöge. Er untersuchte genau, ob und in wiefern es zu machen seyn möchte: daß Mögelin jener fremden Hülfe entbehren könne. Es entging ihm daher bei seiner Untersuchung nicht ein Umstand, den ein weniger achtsamer und genauer Beobachter schwerlich gewahr geworden wäre, dieser nämlich, daß ein Teich, dessen Abfluß einen Theil der Feldmark durchschneidet, ihm Gelegenheit darbot, eine Schwemm und Beriesselungswiese anzulegen, indem er aus entfernten Seen und Quellen beständigen Zufluß erhält. Diese neue Wiese konnte eine so beträchtliche Größe erhalten, daß sich in wenig Jahren ein bedeutender Heugewinn davon mit Gewißheit erwarten ließ *).

---

*) Wenn gleich das Lokal zur Anlage einer Schwemmwiese, wegen der geringeren Breiten des Thals, wegen des nicht überflüßigen Wassers und des thonigten Bodens, nicht vorzüglich günstig war, so gestehe ich doch, daß ich ohne die Möglichkeit, eine solche Wiese hier anzulegen, Mögelin nicht gekauft hätte. Ich wollte durchaus Gelegenheit finden, diese für die Mark und so viele Provinzen höchst wichtige, häufig anwendbare, an sich sehr einfache, aber von wenigen aus der Beschreibung begreifliche Operation praktisch zu zeigen; ungeachtet man mir — einem vermeintlichen Engländer — versicherte, daß, wenn auch in England das Wasser bergan flösse, es solches doch in der Churmark nicht thue. Th.

Als der Hr. Geh. R. Thaer dieses Gut im Jahre 1804 ankaufte, fand er es in Ansehung des Ackerbaues in einer nichts weniger als glänzenden, sondern vielmehr in einer sehr traurigen Verfassung, und in sehr schlechtem Dungerstande. Es lag in drei Feldern, wovon der größte Theil als dreijähriges Rockenland behandelt, und nur der vorzüglichste und nahgelegenste gedüngt wurde. Der wenige, den Winter hier gewonnene Mist war überdem schlecht und unkräftig, bei der Fütterung, die das Vieh hier erhielt. Es sind Stellen hier im Felde, die, seit undenklichen Zeiten wenigstens, keinen Dünger erhalten hatten, wenn es anders jemals geschehen ist.

Das Hauptgut Mögelin liegt auf der Höhe, welche ehedem das linke Ufer der Oder bildete, eine gute Viertelmeile von dem Rande des Bruchs, links von der Straße von Frankfurt nach Wriezen, eine kleine Meile von dieser Stadt. Es gränzet nordöstlich mit Kunersdorf; nordwestlich und nördlich mit Schulzendorf; westlich mit Reichenau, südlich mit Batzlow. Außer einem kleinen Teiche an der Reichenauer Gränze, durch den ein kleiner Bach fließet, der ein langes schmales Bruch bis an die Kunersdorfer Gränze bildete, und einen im Dorfe am Garten gelegenen, hat es keine Teiche. An der obern Reichenauer Gränze befinden sich einige Wasserkaulen, von denen es verdient bemerkt zu werden, daß das Wasser der grössesten dieser Kauken so vorzüglich gut zum Waschen der Schaafe gehalten wird, daß man die Schafe aus den Kunersdorfer Gütern hieher zur Wasche bringt. An Holz befindet sich hier nichts als ein Wald von etwas Laub- und größtentheils Nadelholz, der 164 Magdeburgische Morgen (nach denen hier allein gerechnet wird) enthält.

Der Boden ist hier sehr verschiedener Mischung; sein Hauptbestandtheil ist Thon, der mehr oder weniger mit Sand oder Kieselerde vermischt ist. Von dem kleinen Bache, dessen ich vorhin erwähnte, nach der Batzlower Gränze herauf, nimmt die Zumischung an Sand immer mehr und mehr zu, bis der Thon sich gegen die Gränze wahrscheinlich in der Tiefe verliert, und die obere Schicht bloßer Sandboden wird. Es finden sich auch im Felde, besonders auf Anhöhen, einige jedoch kleine sandige Flecke. Jedoch ist der hiesige Sand kein eigentlicher Flugsand; er ist vielmehr grob und kiesig, seine Farbe fällt ins gelbliche, welches noch immer einen Antheil von Thon anzeiget, und es finden sich darunter viele kleine Steine, und viele zerstückte Feuersteine. Die ganze Feldflur bestehet aus urbarem Lande.

Der Acker ist aller Orten abträgig, doch giebt es keine hohen Berge, sondern bloß sanft abhängende Hügel. An mehreren Orten im Felde findet sich Mergel, der mehr oder weniger kalkreich ist, welches bei der so verschiedenen Mischung des hiesigen Bodens sehr erwünscht ist, indem nun jede Art desselben, durch den ihr anpassendsten Mergel verbessert werden kann. An dem kleinen Bache nach dem Walde, der die Büchnitz heißt, befindet sich an vielen Stellen, ein sehr fruchtbarer vielen Humus enthaltender Moder, unter welchem eine Schicht Kalkmergel stehet, den man wohl reinen Kalk nennen muß, da er ganz weiß wie trocken gewordener gelöschter Kalk aussiehet, und 0,96 reiner Kalkerde enthält *).

Das Beste was der neue Besitzer in Mögelin vorfand, waren die Gebäude. Das Wohnhaus, welches aus zwei Stockwerken und einem neu angebaueten Flügel von einem Stockwerk, über ei-

*) Ohne diesen Mergel und Moder hätten einige hundert Morgen von Mögelin einen negativen Werth für mich gehabt; wie sie denn auch wirklich bisher den Ertrag des guten Landes nur aufzehrten. Ich rühre sie nicht eher an, als bis ich sie durch Befahren gründlich verbessert habe, und durch sich selbst in Kraft erhalten kann. Th.

nem gewölbten Erdgeschoß, besteht, bedurfte inzwischen einer starken Reparatur. Die Wirthschaftsgebäude sind nach einer von dem seeligen Geh. R. von Wolf hier eingeführten Art, von Feldsteinen erbaut. Nur die Friese, und Einfassungen der Thore, Thüren und Fenster sind von Mauersteinen, so wie die Ecken der Gebäude, welches dem Ganzen ein sehr nettes und gefälliges Ansehen giebt, und sehr dauerhaft seyn muß. Sie sind für den bisherigen ökonomischen Geschäftsgang sehr geräumig erbauet, bedurften aber bei den neueren Einrichtungen einer großen Veränderung, welches auch bei dem einzigen noch übrigen Gebäude von Fachwerk, bei dem Kuhstalle der Fall war, der zu der sonst hier nicht statt gefundenen Stallfütterung neu eingerichtet werden mußte.

Unter dem vorigen Besitzer wurden hier einige und dreissig Kühe, 28 Ochsen, 12 Pferde und ungefähr 300 Schafe gehalten. Da es hier durchaus an Weide für das Milchvieh fehlte, indem das Zugvieh und die Schafe kaum satt zu fressen finden konnten, so wurden die Kühe mit dem ersten Frühjahre auf das Bruchvorwerk Königshof 1½ Meile von hier, gebracht, wo sie bis zum späten Herbste, so lange es irgend möglich war sie zu weiden, bleiben mußten.

Es ist in der That schwer, sich alle die großen Schwierigkeiten lebhaft zu denken, welche Herr Geh. Rath Thaer hier zu bekämpfen fand, und bereits größtentheils so glücklich besiegt hat; und jemand, der diese nicht genau kennt, nicht sattsam erwogen und geprüft hat, ist durchaus nicht im Stande, die hiesige Wirthschaft aus dem richtigen Gesichtspunkte anzusehen. Vielleicht könnte mancher mit den überspanntesten Erwartungen herkommen, und hoffen, eine in allen ihren Theilen vollkommen eingerichtete Fruchtwechselwirthschaft zu finden. Er würde aber sehr erstaunen, wenn er einen großen Theil des Feldes dreesch liegen, auf einem andern Felde aber sehr mittelmäßiges Getreide stehen sähe, ja wenn er sogar der Kuhheerde und den Zugochsen auf der Weide begegnete. Kommt nun ein solcher Reisender hieher, und durchstreift bloß die Felder, ohne zu erforschen und zu erfahren, daß, und warum alles gerade so und nicht anders ist, vernünftiger Weise gerade so und nicht anders seyn durfte und mußte, als wie es ist, und entwirft nun ein solcher beschreibungslustiger Skribler, um seine Reisekosten zu decken, und der Welt kund zu thun, daß er in Mögelin gewesen ist, gar eine Beschreibung dieses merkwürdigen Orts, so muß er durch seine unrichtige Darstellung, nothwendig eine Menge solcher Menschen, die nicht im Stande sind, sich, ohne alles mit Händen greifen zu können, die richtigen aber unbekannten Ursachen, sichtbarer Wirkungen zu abstrahiren, die also nicht begreifen, warum hier alles so ist und seyn mußte, wie der Beschreiber es fand — so muß er, sage ich, alle die Menschen irre machen, und zu glauben verleiten, daß hier geradehin der Beweis statt fände, daß das von dem Hrn. Geh. R. Thaer angepriesen und befolgte Wirthschafts-System nicht haltbar sey.

Aber eben die unbebauten Felder, die hier und da minder gut stehenden Saaten, beweisen gerade das Gegentheil jenes übereilten falschen Urtheils; sie beweisen, daß die hier sonst geführte Dreifelderwirthschaft, die hiesigen Aecker so ausgesogen, so herunter gebracht hat, daß es schwer hält, sie durch die sorgfältigste Behandlung wieder in gehörige Kultur und Düngkraft zu setzen; doch in wenig Jahren werden diese jetzo noch so schlechten Theile des hiesigen Feldes, unbezweifelt, durch ihre sichtbare Verwandlung in gesegnete Fluren, die Richtigkeit eines Systems beweisen, welches zur Ehre der gesunden Vernunft in einem halben Jahrhunderte, und hoffentlich noch früher, das herrschende in Deutschland und mehreren Ländern seyn wird.

Wäre Hr. Geh. R. Thaer ein weniger tiefdenkender, die Wirthschaft in ihrem ganzen Umfange und jedem ihrer kleinsten Verhältnisse richtig umschauender, weniger in die Zukunft blickender Wirth, so wäre es ihm sehr leicht gewesen, dem flüchtigen Beobachter Staub in die Augen zu streuen, und manches ökonomische Spielwerk zum Vorschein zu bringen. Sein Plan aber ist nicht scheinbare, sondern radikale dauernde Verbesserung, Führung des unumstößlichsten mathematisch richtigsten Beweises: daß das richtig angewendete Fruchtwechselsystem allein im Stande ist, ein ganz herunter gekommenes Gut zu dem unter gegebenen Umständen höchst möglichsten Ertrag zu bringen.

Er sah es ein, daß die Verbesserungen, deren dieses Gut fähig war, nicht mit einem Male möglich, nicht das Werk eines Jahres oder zweier war und seyn konnte; da Kostenaufwand, den er nicht scheute, nicht alles allein dabei thun konnte, sondern noch andere Kräfte, nämlich Menschen, Angespann, Düngung hierbei angewendet werden mußten, und daß eine Reihe von Jahren zur Vollendung seines Werkes gehörte. Er behandelt Mögelin, wie ein weiser, einsichtsvoller philosophischer Arzt einen sehr gefährlichen, ihm sehr wichtigen chronischen Kranken behandeln würde. Er hat die Krankheit seines Patienten bis auf den Grund durchschaut, er hat den Gang seiner schweren und langweiligen Kur und die dabei anzuwendenden Mittel genau überdacht, alle dabei vorkommende Schwierigkeiten erwogen, die Kur muthvoll unternommen, und ist eines glücklichen Erfolges versichert. Standhaft, und mit festem Schritte, setzt er sie fort, ohne an unvorherzusehende eingetretene Zufälle sich zu kehren, oder sich durch sie irre machen zu lassen Auch für diese Zufälle findet er Mittel, um sie unschädlich zu machen. Schon hat er das Vergnügen, große Symptome der Besserung eintreten zu sehen, völlige Genesung und blühende Gesundheit dieses Patienten, wird sein schönes großes Werk unausbleiblich nach völlig beendigter Kur sichern können.

Es liegt mir nun ob, den Beweis meiner vorhergegangenen Behauptung zu führen, und dies wird mir hoffentlich nicht schwer werden.

Um Alles, was ich dieserhalb zu sagen habe, richtig zu beurtheilen, müssen wir nicht vergessen, daß alle Operationen des Hrn. Geh. R. Thaer, erst mit dem Frühjahre 1805 anfangen. Die Wintersaatbestellung, im Herbste 1804, war also noch nicht sein eigenes Werk. Inzwischen hatte er doch schon vor Uebernahme der Wirthschaft veranlaßet, daß auf die schlechtesten Stellen im Winterfelde gar nicht gesäet wurde, dagegen aber einige von ihm bestimmte Stellen in dem künftigen Sommerfelde, von denen er sich einigen Ertrag versprechen konnte, auch noch in diesem Herbste mit Stoppelrocken bestellt werden mußten.

Wenn nun zwar sofort im Frühjahr 1805 die Eintheilung des ganzen Feldes entworfen werden konnte, so war es doch unmöglich, die Schläge sogleich nach der ihnen bestimmten Fruchtfolge zu bestellen, da hierzu nichts hatte vorbereitet werden können. Vermehrung des Düngers war hier die Hauptsorge, der kürzeste Weg dazu zu gelangen, Stallfütterung. Um diese zu bewerkstelligen, wurde grünes Futter erfordert; da nun kein Klee hier vorhanden war, so mußte vorzüglich für grünes Wikkenfutter gesorgt werden, und es wurden daher möglichst früh von 8 zu 8 Tagen Wicken und auch Spergel gesäet, wodurch es dann möglich gemacht wurde, das hier vorgefundene Rindvieh sowohl, als das mitgebrachte, schon den ganzen Sommer des gedachten Jahres reichlich auf dem Stalle zu füttern. Zugleich mußte auch für gutes und hinlängliches Winterfutter gesorgt werden. Es wurden daher genug Wicken gesäet, um schon diesen Sommer eine beträchtliche Menge Wickenheu zu erlangen, welches auch gemacht wurde, und der

Stoppelrocken wurde hauptsächlich deshalb im Herbste 1804 gesäet, damit es nicht an Stroh fehle. Und damit für 1806 Kleefutter genug vorhanden sey, ward im Frühjahr 1805 unter die gedüngte Winterung in No 1. rother Klee gesäet.

Es war noch nicht möglich, in dem Frühjahr 1805, schon eine bestimmte Ordnung, weder in die Düngung, noch in die rotationsmäßige Bestellung der Schläge zu bringen, daher wurden 1805 für jede Frucht die für sie passendsten und angemessensten Stellen ausgesucht, gedüngt, und so dem dringendsten Bedürfniß abgeholfen. Bis Johannis 1805 wurden 1350 dreispännige Fuder Mist ausgefahren, zu welchen das aus dem Bruche heraufgeführte Heu und Stroh und die schon angefangene grüne Winterfütterung das Material zum Theil her gaben; denn nach der bisherigen Wirthschaft wurden höchstens 750 Fuder Dünger jährlich ausgeführt. Dieser Mist wurde folgendergestalt vertheilt: Auf das Stück *b* No. 6, welches zum Theil mit Kartoffeln bepflanzt wurde, ferner auf *b* No. 5, und *a* No. 6. zu Erbsen und Wicken, die zu grünem Futter bestimmt waren.

In dem Jahre von Johannis 180$\frac{5}{6}$ konnte schon mehrere Ordnung in die Düngung und Bestellung der Schläge kommen, so daß im Frühjahr 1806 der Schlag No. 3. fast ganz zu Wicken und Erbsen, der Theil von dem Stücke *b* No. 6, der im vorigen Jahre nicht gedüngt war, jetzt zu Kartoffeln, und der magerste Theil von dem Stücke *b* No. 2. gleichfalls zu Kartoffeln gedüngt werden konnten. In diesem Jahre wurden 2145 dreispännige Fuder Mist, also 795 Fuder mehr als voriges Jahr aufs Feld ausgeführt. Ueberdem wurde der ganz erschöpfte Garten sehr stark in Dünger gesetzt, wozu geringe gerechnet, 250 Fuder gehört haben können.

Noch immer hatte der Dünger nicht auf alle die Stücke gebracht werden können, die seiner dringend bedurften; es mußte also auch im Jahre von Johannis 180$\frac{6}{7}$ fortgefahren werden, die dürftigsten Stellen immer noch zu unterstützen, ohne mehrere ganze Schläge durchaus zu düngen. Nur allein der ganze Schlag No. 2. wurde zu behackten Früchten gedüngt; nächst diesem das beträchtliche Stück *a* in No. 4. zu Wicken und Erbsen, vom Batzlower Wege bis an den Graben, ferner *b* No. 5. gleichfalls zu Wicken und Erbsen, und *a* No. 5. zu kleiner Gerste. Hiezu wurden 2336 vierspännige Fuder Mist verwendet, also mehr als 180$\frac{5}{6}$ 191 Fuder, und mehr als 180$\frac{4}{5}$ 986 Fuder. Da sich aber diese vierspännigen Fuder zu den dreispännigen wie 3 zu 4 verhalten, so ist das Verhältniß des in jedem dieser 3 Jahre ausgefahrnen Mistes ein Jahr gegen das andere folgendes:

1805	1350 dreispännige Fuder.
$180\frac{5}{6}$	2145, also plus 795 Fuder.
$180\frac{6}{7}$	2336 vierspännige Fuder = 2920, also plus 1590 gegen 1805; und plus gegen $180\frac{5}{6}$, 775 Fuder. *)

Selbst noch in dem jetzt zu Ende gehenden Wirthschaftsjahre, von $180\frac{7}{8}$, war es nicht möglich, sich auf Ausdüngung ganzer Schläge zu beschränken, und schon völlig die für jeden bestimmte Fruchtfolge genau zu beobachten; es waren noch einige Stellen in anderen Schlägen, denen geholfen werden mußte. Die Düngung geschah daher folgendermaßen. Es wurden gedüngt:

1) im Schlage No. 3. *a b c* zu behackten Früchten. Hier blieb das neben dem Wege

*) Im ersten Jahre ist der sämmtliche Mist vom Winter an bis zur Herbstbestellung einbegriffen. Im zweiten der vom Winter bis Johannis ausgefahrene. Im dritten der von Johannis bis Johannis. Im ersten Jahre ist Stroh angekauft, und Laub und Nadeln zu Hülfe genommen. Im zweiten viel Stroh vom Vorwerk heraufgebracht. Im dritten wenig fremdes Stroh konsumirt. Th.

nach der Schwemmwiese rechts gelegene Stück *d* als das schlechteste, da es 180⁶⁄₇ nur ein wenig Dünger erhalten hat, liegen, und soll auch, bis dieser Schlag mit Rocken bestellt wird, also bis 1811 liegen bleiben; alsdann aber damit bestellt werden. Dieses Stück ist eigentli nur als Zugabe zu diesem unter den Hauptschlägen schlechtesten Schlage zu betrachten, da er ohne dasselbe schon 105 Morgen enthält.

2) Im Schlage No. 4. die Stücke *b* zu Erbsen *e* zu Sommer-Rübsen.

3) Im Schlage No. 7. *b* zu Rocken, *e* zu Wicken.

Der Mist ist in diesem Augenblick, wo ich dieses schreibe, noch nicht völlig ausgefahren, sondern es ist noch etwas zu dem Sommerrübsen in No. 4. auszubringen, es läßt sich aber hinlänglich übersehen, daß dieses Jahr über 2400 vierspännige (= 3200 dreispännige) Fuder ausgefahren seyn werden; und es ist nicht zu bezweifeln, daß ohne die sehr bedeutenden Heu- und Strohlieferungen dieses Jahr über 3000 vierspännige Fuder hätten müssen gewonnen werden können.

Außer diesem Dünger ist aber seit 1805 eine sehr ansehnliche Menge Mergel und Moder auf die Außenschläge gebracht, nämlich im Außenschläge No. 9.:

1805/6 sind 30 Morgen gemergelt.

1806/7 24

1807/8 22 und letztere zugleich gemodert.

Ein Theil des Außenschlages 10. hat auch Moder erhalten, und der in diesem Frühjahre neugemachte Theil der Schwemmwiese ist auch bereits mit Moder, wie man es noch sehen kann, sehr stark befahren.

Seit diesen 3½ Jahren sind nun die sieben Binnenschläge folgendergestalt in Dungkraft gesetzt:

No. 1. mit Ausschluß des kleinen Stückes *d*, links am Wriezner Wege, welches letztere erst von einigen unter dem Koßäthen Lande erstandenen Stücken dazu genommen ist.

No. 2. Ist 1806/7 ganz gedüngt.

No. 3. Ist größtentheils schon zweimal gedüngt.

No. 4. Ist größtentheils ganz gedüngt.

No. 5. Ist bis auf das kleine Stück *c* gedüngt.

No. 6. Das Stück *a* ist völlig, das Stück *b* beinahe ganz gedüngt.

No. 7. Ist zwar größtentheils gedüngt, aber noch nicht ganz in völliger Kraft.

Aus

Aus dem Vorhergesagten erhellet nun sehr deutlich, daß die seit dem Ankauf dieses Gutes bis jetzt verflossenen Jahre bloß als Vorbereitungsjahre anzusehen sind, und daß die hiesige Wirthschaft noch immer als eine entstehende Fruchtwechselwirthschaft betrachtet werden müsse. Es werden noch Jahre vergehen, bis die Außenschläge 8, 9. und 10. mit Mergel und Moder ganz überfahren und in dem Zustande seyn, wohin sie bei der ihnen gewidmeten Sorgfalt unfehlbar kommen werden. Mit vollem Rechte hält es der Herr Besitzer rathsamer, sie, zumal in diesem unglücklichen Zeitraume, lieber unbesäet liegen zu lassen, als sie mit theuer erkaufter Saat, ohne sichere Hoffnung einer glücklichen Ernte zu besäen.

Es ist aus den Annalen der Landwirthschaft bekannt, daß Hr. Geh. R. Thaer bald nach dem Ankaufe, Mögelin in sechs Binnenschläge und Aussenschläge theilte, und für erstere nachstehende Fruchtfolge bestimmte:

Erstes Jahr, behackte Früchte, stark gedüngt.

Zweites Gerste mit Klee.

Drittes • Klee.

Viertes Jahr, Winterung.

Fünftes Erbsen und Wicken leicht gedüngt.

Sechstes = Winterung.

Er hat sich aber in der Folge veranlaßt gefunden, noch einen siebenten Binnenschlag von dem zu Außenschlägen bestimmten Lande dazu zu nehmen, um zwei Kleeschlage zu haben. Man wird auf der diesem Aufsatze zur Erläuterung dienenden Skizze eines Plans von Mögelin bemerken, daß die Schläge nicht alle ganz nach ihrer Zahlenfolge nebeneinander liegen, und daß No. 7. zwischen No. 2. und 3., ferner daß No. 6. zu beiden Seiten von No. 5. liegt. Ersteres kommt von der Einschaltung von No. 7; letzteres daher, weil das Stück *a* von No. 6. theils gegen die übrigen Schläge zu klein war, und Hr. Geh. R. Thaer lieber einen Theil des Außenschlages dazu legen, als seine ganze gemachte Eintheilung abändern wollte; theils weil er überhaupt das Zusammenhängen der Schläge bei der Stallfütterung nicht für nützlich hält. Er unterscheidet Schläge und Koppeln. Wenn ein Gut verschiedenen, an manchen Stellen mehr thonigten, an andern mehr sandigten Boden hat, so glaubt er, daß die Schläge in der

Qualität mehr gleich gemacht werden müssen, so weit es ohne gar zu große Zerstückelung angeht. Der erste Theil *a* des Schlages No. 6. enthält wohl den thonigsten, der zweite *b* den sandigsten Boden der Hauptschläge, und jener kann nicht zu jeder Zeit, dieser immer bearbeitet werden.

Die Binnen- oder Hauptschläge sind zwar nicht von völlig, aber doch ziemlich gleicher Größe, nämlich etwas über 100 Morgen. Nur No. 3. ist beträchtlich größer, nämlich 130 Morgen, welches wohl daher kömmt, weil dieser Schlag durch das Dorf, zwei Wege und die Gränze nebst dem daran liegenden Erlenbruch und Teiche eingeschlossen ist, welche sehr natürliche Gränzen bilden; besonders aber weil der größte Theil dieses Schlages weniger guten Boden als die übrigen Schläge hat.

Wenn wir einen aufmerksamen Blick auf die bereits ganz, oder, so viel es in den vier Jahren, da Hr. Geh. R. Thaer das Gut bewirthschaftet, möglich zu machen war, in Kultur gesetzte Felder werfen, so werden wir uns durch alles darauf stehende Getreide, besonders durch den herrlichen gedrillten Weizen und die sehr schöne Gerste in No. 2, durch den vorzüglich für dieses Jahr (wo so vieles ausgewintert oder durch die Hitze vernichtet ist) ausgezeichnet schön stehenden Rocken in No. 1, 5, und 7, durch die wahrlich prachtvoll, obgleich in einem für sie sonst zu sandigen Boden dastehenden gedrillten Bohnen in No. 3. überzeugen müssen, daß die Art, wie diese Schläge behandelt worden, den Zweck derselben und ihre Wirkung nicht verfehlt haben kann; und mit Sicherheit können wir es vorhersehen, daß binnen wenig Jahren das ganze Feld dieses Guts zu einem Ertrage gebracht seyn werde, zu dem es bei Befolgung eines andern Systems, bei einer weniger tief durchdachten, weniger standhaft und sorgfältig ausgeführten Behandlung nicht würde zu bringen gewesen seyn. Mit dem Jahre 1810 hofft der Besitzer das sämmtliche ackerbare Land in Ordnung und Kraft gebracht zu haben, wenn keine neue unvorherzusehende Zufälle die Wirthschaft erschüttern, und er nur nicht über Verhältniß von den bisherigen Lasten gedrückt wird.

Wir müssen aber auch billiger Weise einen Rückblick auf alle die mächtigen Schwierigkeiten und Hindernisse, auf die häufigen Nebenarbeiten werfen, welche Schuld daran sind, daß nicht noch mehr im Felde geschehen ist, um uns nicht zu überzeugen, daß durchaus nicht mehr geschehen konnte, sondern um es in der That zu bewundern, daß alles dasjenige wirklich möglich gemacht ist, was hier jedem Unbefangenen in die Augen fällt.

Der Aufbau des Instituthauses und die unseligsten kriegerischen Ereignisse vereinigten sich, um schon seit 1805, im Herbste, bei der Ackerwirthschaft manches in Stockung zu bringen, was sonst bei der rastlosen Thätigkeit dieses Vaters unseres Fruchtwechselsystems hier gewiß nicht ins Stocken gerathen seyn würde. Die Lieferungen vom Herbste 1805 bis zu diesem Augenblicke raubten auch ihm einen höchst bedeutenden Theil seines Heues und Strohes, und folglich des damit in genauem Verhältniß stehenden Düngers. Sie hinderten die Vermehrung des Viehstandes, die sonst hier wahrscheinlich statt gefunden haben würde; und es ist in der That zu bewundern, wie hier doch noch die beträchtliche Anzahl des hiesigen Viehes so gut hat erhalten werden können, nämlich über 60 Stück Milchvieh mit Inbegriff einiges Jungviehes, 12 Arbeitsochsen und 15 Pferde. Außer diesen werden zur Zeit gewöhnlich 300 Hammel gekauft, so daß im Durchschnitt 200 zur Ausfütterung gerechnet werden können. Es ist zu bewundern, wie mit diesen Pferden alle Feldarbeiten, die Dünger-, Mergel- und Moderfuhren haben bestritten werden können, da sie noch außer den Baufuhren bei dem Aufbau des Instituthauses im Jahre 180⅞, und außer den häufigen Fuhren zu Herbeischaffung des Brennholzes für 44 Stuben, 3 Küchen und die Backöfen, welches auf 2 bis 2½ Meilen weit her geholt werden muß, eine so große Menge Kriegesfuhren, die oft in der nothwendigsten Zeit erfordert wurden, haben leisten müssen.

Am allermehresten aber ist es zu bewundern, wie alle diese angeführten mächtigen und abschreckenden Hindernisse den Anfang und die Fortsetzung eines großen kostspieligen, für dieses Gut so äußerst wichtigen und so glücklich gelingenden Werkes nicht hat hindern können, als die Anlage der 37 Morgen großen schönen Schwemmwiese. Der Anfang damit wurde mitten unter allen diesen ungünstigen Umständen gemacht, und zwei Drittheile dieser Arbeit sind bereits sehr glücklich vollbracht. Schon pranget ein großer Theil dieser neugeschaffenen Wiese mit dem schönsten Grase, obgleich die Umstände es unmöglich gemacht haben, ihr mit Dünger zu Hülfe kommen. Sie allein würde Mögelin in ein paar Jahren unkenntlich machen, wenn auch weiter nichts geschehen wäre um dieses zu bewirken. Sobald aber alle Schläge in ihrer völligen Kraft und Ordnung, und die Aussenfelder mit Mergel, Kalk und Moder werden befahren seyn, und die angewendete Mühe und Kosten durch den glücklichsten Erfolg gekrönt, so wird dadurch der überzeugendste Beweis unumstößlich geführt seyn, daß dasjenige System, welches dieses allein bewirken konnte: nämlich, das mit Stallfütterung verbundene Fruchtwechselsystem, vor jedem andern den Vorzug verdienet.

Man verlange und erwarte von mir keine genaue Beschreibung dieser Schwemmwiese und ihrer Bewässerung, besonders der Art ihrer Anlage; dieses übersteigt meine Kräfte. Sie muß gesehen werden, um sich von der übrigens nicht schweren Arbeit, so wie von dem ganzen Werke einen klaren und anschaulichen Begriff zu machen; denn wenn man die ganze Operation nicht genau kennt, wenigstens nicht sehr aufmerksam angesehen hat, so bleibt jede Beschreibung davon dunkel, und eine Beschreibung, wie ich sie davon geben könnte, würde immer noch unzulänglich für jemand seyn, der ein ähnliches Unternehmen darnach würde leiten wollen; und ich könnte manchen irre führen.

Ueberdem befindet sich in dem dritten Stück der Annalen der N. S. L. W. dritter Jahrgang, 1800, eine Beschreibung einer solchen Anlage, auf die ich zwar verweisen kann, durch die aber jemand, der mit der Sache ganz unbekannt ist, auch wohl schwerlich eine hinlängliche Kenntniß davon bekommen wird, wenn er nicht, so wie ich, das Glück hatte, diese Operation anzusehen. Ich will nur kurz sagen, daß man mit Hülfe eines richtigen Nivellements und eines ganz unbedeutend scheinenden Wassers, welche hier die Stelle des Glaubens vertreten müssen, Berge versetzen und herrliche Wiesen schaffen kann. Wir müssen wünschen und hoffen, daß Herr Geh. R. Thaer nach Vollendung dieses schönen Werkes uns über diesen wichtigen Gegenstand selbst näher belehren, und eine deutliche Anleitung zur Nachahmung geben werde.

Noch ein neues Hinderniß stellt sich seinen wohl berechneten Entwürfen oder vielmehr ihrer rascheren Ausführung entgegen. Die gänzliche Wegnahme alles bis zu Anfange der grünen Fütterung nöthigen Futters, und das hier in der Mark, so wie in einem großen Theile Schlesiens statt gefundene Auswintern des rothen Klees, vereinigten sich, ihn zu zwingen, sein Rindvieh in den ersten Tagen des Junius auf die Weide zu treiben, um den noch übrigen Klee zur nothwendigen Fütterung der Pferde zu benutzen. Inzwischen sahe hier die Weide nicht mehr wie ehedem aus, wo sie aus nichts als kahler elender Brache bestand, von der man sich auf den benachbarten Bauerfeldern einen sehr deutlichen Begriff machen kann. Es war nicht mehr nöthig, das Vieh wie sonst nach dem Bruche zu treiben, um es hier dem Hungertode zu entziehen. Die ausgewinterten Klee-Schläge lieferten zwar nur schlechten Mähe-klee, jedoch eine sehr reichliche und nahrhafte Weide; diesen kommen noch die mit weißem Klee schön bezogenen großen Stücke in den Außenschlägen zu Hülfe, und der Milchertrag der Kühe beweiset es, daß sie bei dieser Weide nicht Noth leiden. Auch ist der Verlust des Düngers, der durch diesen Weidegang verursacht wird, wenigstens nicht so groß, als er gewesen wäre, wenn das Vieh, wie sonst, hätte müssen nach dem Bruchvorwerke getrieben werden, da es nun doch erst des Morgens nach einem guten grünen Frühstück etwa um 7 oder 8 Uhr ausgetrieben wird, Mittags, wenn es sehr gesättigt zu Hause kommt einige Stunden im Stalle ausruhet, und Abends zeitig zu Hause kommt, wobei vieler Mist im Stalle erhalten wird. Und wenn, wie es jetzt sicher zu hoffen ist, Stroh- und Kartoffel-Ernte ergiebig sind, und die Rübenarten gerathen, so ist weder Futtermangel für den Winter, noch Düngermangel fürs künftige Jahr zu befürchten, und es kann selbst, da forthin die Binnenschläge nicht mehr einer so häufigen Düngung bedürfen, wohl noch Mist für die Außenschläge übrig bleiben, da von künftigem Jahre an (außer einem noch übrigen Theile des Schlages No. 7, und dem Stücke *b* in No. 6, denen es noch an Kraft fehlet, welche daher zur Winterung gedüngt werden sollen), nur der zu behackten Früchten bestimmte Schlag, da er größtentheils erst Eine reifende Frucht getragen hat, mäßig, und der Wicken- und Erbsenschlag leicht gedüngt werden dürfen.

Daß hier der schöne vorzüglich brauch- und nutzbare Baileysche Pflug ganz an die Stelle des gewöhnlichen Landpfluges getreten ist, daß ferner der Smallsche Pflug, der Exstirpator, die vorzüglichsten, vom Hrn. Geh. R. Thaer sehr verbesserten Drillwerkzeuge, zu Getreide, Bohnen und Rüben im Gange sind, daß zu Bearbeitung der behackten Früchte, die Thaersche Pferdehacke; die englische dreischaarige Pferdehacke, und die große englische Kartoffelhacke mit zwei beweglichen eisernen Streichbrettern, mit dem größesten Nutzen angewendet werden, und daß hier noch außerdem mehrere sehr gute, sonst bei uns nicht gebräuchliche Werkzeuge so manche Feldarbeit erleichtern, brauche ich wohl kaum zu erwähnen, da ich es als bekannt voraussetzen darf; noch weniger glaube ich alle diese Werkzeuge näher schildern zu dürfen. Eben so wenig werde ich mich darauf einlassen, das nähere innere Detail, dieser, in allen ihren, selbst den kleinsten Theilen, richtig berechneten, genau in einander greifenden, ein schönes Ganze bildenden, und mit vollem Recht, den Namen rational verdienenden Wirthschaft darzustellen, da dieses bei weitem die Gränzen dieses Aufsatzes überschreiten würde.

Ein alter Weiser sagte einst: es wäre zu wünschen, daß alle Könige Philosophen seyn möchten. Ein gleiches ließe sich auch von den Landwirthen, besonders von den Gutsbesitzern wünschen, nur müssen es nicht bloß spekulative, sondern praktische Philosophen, der Art und des Schlages, und ihre Köpfe alle so organisirt seyn, wie der des Schöpfers der Mögelinschen Wirthschaft.

Ich will hier nur noch die für das Jahr 180$\frac{8}{9}$ bestimmte Bestellung der sieben Binnenschläge hersetzen. Sie ist folgende:

No. 1. Mit Erbsen und Wicken, zu denen nur leicht gedüngt wird. Der Schlag trägt dieses Jahr Rocken und Hafer, auf den Stücken *a* und *b* in vierter Tracht, Hafer auf *c* in fünfter Tracht.

No. 2. Einjähriger Klee, ist 1806 zu Kartoffeln, Bohnen u. s. w. gedüngt.

No. 3. Gerste mit Klee, auf denen 1808 behackte Früchte tragenden Stücken *a b c*, Hafer mit Klee auf *d*, nach gedüngtem Sommerrübsen.

No. 4. Zweijähriger Klee.

No. 5. Behackte Früchte, in mittelmäßig starker Düngung.

No. 6. Winterung in der zweijährigen Kleestoppel, wozu, da der Klee wegen den Auswinterns nur schwach stehet, dreimal geakkert werden wird.

No. 7. Rocken auf den Stücken *a* und *c*, die 1808 zweifährige Erbsen und Wicken tragen. Hafer auf dem Stücke *b*, worauf gegenwärtig dreifähriger Rocken stehet.

Man wird finden, daß hier die Bestellungsart nicht mit der natürlichen Folgezahl der Schläge paßt, wir wissen aber aus dem vorigen, daß, und warum die Schläge nicht nach der Nummer im Felde folgen, und daß man bei der ersten Bestellung sich weder an die Nummer noch Lage der Schläge binden konnte, sondern daß die am mehresten in Kraft stehenden Schläge zuerst in ihre Rotation gebracht werden mußten; überdem geschah es hier absichtlich, die beiden Kleeschläge nicht neben einander zu legen, damit wenigstens ein Theil des Kleefeldes, wenn grün gefüttert werden soll, nahe beim Hofe in jedem Jahre liege, wogegen der entfernte Theil zu Heu gemähet werden kann. Zu mehrerer Versinnlichung der Fruchtfolge, so wie sie nach und nach in den Schlägen von Jahr zu Jahr, bis zu Beendigung einer Rotation, fortschreitet, füge ich hier eine Kulturtabelle bei, auf welcher die Schläge nicht nach der Nummer, sondern nach der Fruchtfolge auf einander folgen.

Mögelin den 19ten Jun. 1808 *).

---

*) Wenn ich das gar zu günstige Licht, welches die wohlwollenden Gesinnungen des durchlauchtigen Verfassers über meine Wirthschaft verbreitet haben, abziehe, so muß ich gestehen, daß alles so richtig ist,

als ich es selbst angeben konnte. Dies ist um so mehr zu bewundern, da ich direkte nichts suppeditirt habe; der Herr Verfasser vielmehr alles nach eigenen Erkundegungen und durch Fragen erforscht hat. Uebrigens war dieser Aufsatz nicht für das Publikum bestimmt; der Anfang desselben nur zu eigener Erinnerung und für Freunde, die Folge mit Hinsicht auf die erwartete Gesellschaft niedergeschrieben, und ist nur auf ausdrückliches Verlangen derselben hier abgedruckt. Th.

Kultur

zur Uebersicht der Behandlung der sieben Binnenschläge des Gut

No.	Stück.	1806.	1807.	1808.	Düngerstand und Bestellunge im Jahre 180$\frac{7}{8}$.
5.	a	Rocken.	Gerste.	Rocken.	a. 1807 gedüngt, eine Furche und dem Exstirpator untergebra
	b		Erbsen und Wicken.		b. 1806 und 1807 gedüngt } wie a
	c				c. 1803 gedüngt } stell
7.	a	Weißer Klee.	Weißer Klee.	Erbsen und Wicken.	1797 und 1802 gedüngt und zweif bestellt.
	b	Weide.	Weide.	Rocken.	1807 zum Rocken; dreifährig.
	c			Wicken.	1808 gedüngt, zweifährig.
1.	a	Klee.	Klee.	Staudenrocken.	1805 gedüngt, einfährig, und mit Doppelpfluge eingebracht.
	b	Klee.	Klee.	Hafer.	1805 gedüngt, wie der Rocken.
	c	Allerlei.	Spergel.	Hafer.	1800 und 1804 gedüngt. Gedrillt.
6.	a	Rocken.	Klee.	Kleeweide.	1800 und 1806 gedüngt.
	b	Rocken und Hafer.	Ruhet.	Ruhet.	1798 } 1806 } gedüngt.
			Weißer Klee.	Weißer Klee.	
4.	a	Brache.	Weizen } gedrillt.	Klee.	1806 gedüngt.
	b		Rocken } gedrillt.	Erbsen.	1800 die Erbsen einfährig, und mit überstreut.
	c		Rocken.	Sommerrübsen.	1800 und 1808 gedüngt.
	d	Kartoffeln.	Gerste mit Klee.	Klee.	1806 gedüngt
2.	a	Gerste.	Bohnen.	Weizen.	1807 gedüngt. Gedrillt.
	b	Gerste u. Hafer.	Rüben.	Große Gerste.	1807 gedüngt; mit dem Exstirpato tergebracht.
	c	Hafer u. Brache.	Kartoffeln.	Kleine Gerste. Alles mit Klee.	1807 gedüngt, einfährig untergepfl
3.	a	Erbsen, Wicken u. Buchweizen.	Rocken.	Bohnen.	1808 gedüngt, die Bohnen gedrillt
	b			Kartoffeln.	1808 gedüngt, ins □ und in Reihe
	c			Rüben.	1808 gedüngt.
	d	Spergel.		Ruhet.	1807 halb gedüngt.

T a b e l l e Hinter Seite 46.

Nögelin seit 1806. (Zur Darstellung von Mögelin gehörig.)

1809.	1810.	1811.	1812.	1813.	1814.	1815.
Behackte Früchte, mittelmäßig gedüngt.	Gerste mit Klee.	Einjähriger Klee.	Zweijähriger Klee.	Winterung.	Erbsen und Wicken, leicht gedüngt.	Winterung.
Rocken. Hafer. Rocken.	Behackte Früchte, stark gedüngt.	Gerste mit Klee.	Einjähriger Klee.	Zweijähriger Klee.	Winterung.	Erbsen und Wicken, leicht gedüngt.
Erbsen und Wicken, leicht gedüngt.	Winterung.	Behackte Früchte, stark gedüngt.	Gerste mit Klee.	Einjähriger Klee.	Zweijähriger Klee.	Winterung.
Winterung.	Erbsen und Wicken, leicht gedüngt.	Winterung.	Behackte Früchte, stark gedüngt.	Gerste mit Klee.	Einjähriger Klee.	Zweijähriger Klee.
Klee.	Winterung.	Erbsen und Wicken, leicht gedüngt.	Winterung.	Behackte Früchte, stark gedüngt.	Gerste mit Klee.	Einjähriger Klee.
Einjähriger Klee.	Zweijähriger Klee.	Winterung.	Erbsen und Wicken, leicht gedüngt.	Winterung.	Behackte Früchte, stark gedüngt.	Gerste mit Klee.
Gerste mit Klee.	Einjähriger Klee.	Zweijähriger Klee.	Winterung.	Erbsen und Wicken, leicht gedüngt.	Winterung.	Behackte Früchte, stark gedüngt.

In der Realschulbuchhandlung sind in der vergangenen Ostermesse folgende Bücher erschienen:

Chaptal, J. A., die Chemie in ihrer Anwendung auf Künste und Gewerbe dargestellt. A. d Französ. mit Anmerk. und Zusätzen begleitet von D S. F. Hermbstädt, 2 Bände (welche die 4 Bände des Originals vollständig enthalten), mit 12 Kupfertafeln in 4to. gr. 8. 5 Thlr.

Dickson, D. R W., der praktische Ackerbau, oder vollständiges System der verbesserten neuen Landwirthschaft, nebst der Lehre von den Anpflanzungen und der Behandlung des Viehstapels; herausgeg von D. Albr. Thaer, 2ter Theil, mit 2 Kupfert. gr. 4. 3 Thlr. 16 Gr.

Contessa, D. C W., das Räthsel und der unterbrochene Schwätzer. Zwei Lustspiele. gr. 16. 12 Gr.

Cervantes Saavedra, Mich. de, die Drangsale des Persiles und der Sigismunda. A. d. Spanischen von Franz Theremin. Erster Theil. 8. 2 Thlr.

Eytelwein, J. A., Handbuch der Statik fester Körper. Mit vorzüglicher Rücksicht auf ihre Anwendung in der Architektur. 3 Bände, mit 22 Kupfertafeln in kl. Folio. gr. 8. 7 Thlr. 12 Gr.

dessen praktische Anweisung zur Wasserbaukunst, 4tes Heft, vom Bau der Schiffahrtsschleusen, mit 11 Kupfert. in gr. Fol gr. 4. 3 Thlr. 8 Gr.

dessen praktische Anweisung zur Konstruktion der Faschinenwerke, und der dazu gehörigen Anlagen an Flüssen und Strömen. Nebst Anleitung zur Veranschlagung dieser Baue. Mit 8 Kupfert. gr 4 1800. 2 Thlr. 16 Gr.

Fichte, J. G, Reden an die deutsche Nation 8. 2 Thlr. 4 Gr, geql. Velinpap. 3 Thlr. 12 Gr.

Hermbstädt, D S. F., Grundsätze der experimentellen Kameralchemie für Kameralisten, Agronomen und Forstmänner. gr. 8. 3 Thlr.

Hirt, A., die Baukunst nach den Grundsätzen der Alten. Prospectus. gr. Folio. 8 Gr.

Journal für Chemie, Physik und Mineralogie; herausg. von D. A. F. Gehlen; 2r Jahrg. m. vielen Kupf gr. 8. 10 Thlr.

Krug, F. L., Geschichte der staatswirthschaftlichen Gesetzgebung im Preuß Staate; von den ältesten Zeiten bis zum Ausbruche des Krieges im Jahr 1806. 1ster Band. gr. 8. 3 Thlr.

dessen Abriß der Staatsökonomie, oder Staatswirthschaftslehre. 8. 1 Thlr. 4 Gr.

Magazin für die Naturkunde etc. 2ter Jahrg. 4 Quartalhefte, mit illum. u. schwarzen Kupf. gr. 4. 5 Thlr.

Schleiermacher, Fr., Predigten. Zweite Sammlung. gr. 8. 1 Thlr. 6 Gr.

Sophocles Tragödien; übersetzt von Karl Wilh. Ferdin. Solger. 2 Bände. gr. 8. 3 Thlr 8 Gr.

Spalding, G. L., über die deutsche Sprache. Eine Vorlesung, am 6. August in der öffentlichen Sitzung der Acad. der Wissenschaften gehalten. gr. 8. 2 Gr.

Riedel, H. C. d. j., Sammlung architektonischer verzierungen. 7ter Heft, illum. 4 Thlr.
schwarz 2 Thlr.

Ueber Preußens Verwaltung seiner ehemaligen polnischen Provinzen Ein Versuch zur Darstellung der Ursachen, welche ihren Abfall vom Mutterlande veranlaßten. 8. (Commissionsartikel.) 1 Gr.

Chrestomathie (neue) für Anfänger zur Uebung im Uebersetzen aus dem Deutschen ins Französische, in fortschreitenden Lektionen über alle Hauptstücke der französischen Sprache, von J. F. M; herausgeg von A. J Hecker. Fünfte, völlig umgearbeitete Auflage der Materialien zur Uebung im Uebersetzen aus dem Deutschen in Französische. 8. 10 Gr.

Hecker, A. J., kurzgefaßte französische Sprachlehre für Anfänger. 5te, gänzlich umgearbeitete Aufl. 8. 5 Gr.

Binnen kurzem erscheint:

Hermbstädts, D. S. Fr., Archiv der Agrikultur-Chemie rc. 3ten Bandes 2tes Heft.

Attila; eine romantische Tragödie, von F L. Z. Werner.

Lautherdale, über Nationalwohlstand.

Micchelotti, hydraulische Versuche. Aus dem Italienischen übersetzt von Zimmermann; herausgegeben und mit Anmerkungen und Zusätzen begleitet von J. A. Eytelwein. Mit 4 Kupfertafeln.

FSC
www.fsc.org
MIX
Papier | Fördert
gute Waldnutzung
FSC® C083411

Kolibri 360 GmbH
Ferdinand-Jühlke-Straße 7
99095 Erfurt, Deutschland
produktsicherheit@kolibri360.de